AF358321

CATALOGUE

DE

DESSINS ANCIENS

DE TOUTES LES ÉCOLES

ET

ALBUMS DE LITHOGRAPHIES

VENTE

HOTEL DES COMMISSAIRES-PRISEURS

(SALLE N° 3)

Le Mardi 17 Janvier 1865

A UNE HEURE.

Exposition Publique

Avant la Vente, de midi à une heure.

M° **DELBERGUE-CORMONT**, Commissaire-Priseur,
rue de Provence, 8;

Assisté de **M. VIGNÈRES**, M^d d'Estampes,
rue de la Monnaie, 13, à l'entresol, entrée rue Baillet, 1,

Chez lesquels se distribue le Catalogue.

1865

RENOU & MAULDE

IMPRIMEURS DE LA COMPAGNIE DES COMMISSAIRES-PRISEURS

Rue de Rivoli, n° 144.

907 — 50
 45   37
952   87
 49   55

CATALOGUE

DE

DESSINS ANCIENS

DE TOUTES LES ÉCOLES

ET

ALBUMS DE LITHOGRAPHIES

VENTE

HOTEL DES COMMISSAIRES-PRISEURS

(SALLE Nº 3)

Le Mardi 17 Janvier 1865

À UNE HEURE.

Exposition Publique

Avant la Vente, de midi à une heure.

Mᵉ **DELBERGUE-CORMONT**, Commissaire-Priseur,
rue de Provence, 8 ;

Assisté de **M. VIGNÈRES**, Mᵈ d'Estampes,
rue de la Monnaie, 13, à l'entresol, entrée rue Baillet, 1,

Chez lesquels se distribue le Catalogue.

1865

CONDITIONS DE LA VENTE

L'ordre du Catalogue sera suivi.

Au comptant, avec CINQ pour CENT en sus du prix d'Adjudication applicables aux frais.

M. VIGNÈRES, dirigeant la Vente, se charge des Commissions.

NOTA. Toute commission sans prix fixé ou sans limite déterminée sera regardée comme nulle.

M. VIGNÈRES se charge de faire marquer les prix aux Catalogues des ventes qu'il a faites. Les personnes qui le désirent peuvent s'adresser à lui *franco*.

Les Catalogues des Ventes à faire seront envoyés aux personnes qui en feront la demande *affranchie*.

AVIS. — Nous prions MM. les Amateurs éloignés de ne pas attendre au dernier jour, pour que les lettres arrivent le matin de la vente ; ils comprendront que quelques lettres peuvent se lire, mais de 20 à 50 lettres, c'est difficile.

La Notice nous a été remise manuscrite, et nous avons conservé le classement de l'Amateur.

DÉSIGNATION

DES DESSINS

1. **Guardi**. Quatre dessins à la pierre noire et à la plume.

2. **Stevens** (Palamèdes). **Salviati**. Deux dessins à la pierre noire.

3. **Carrache** (Annibal). **Breughel** (Pierre). Deux dessins au crayon noir et à la sanguine.

4. **J.-B. Leprince. André del Sarto. A. Lafage**. Trois dessins à la plume.

5. **Sasso-Ferrato. Hubert Robert. Pierre de Laar**. Trois dessins à la pierre noire.

6. **A. Tempesta. A. Tiarini. P. Verbruggen**. Trois dessins à la pierre noire.

7. **Blondel. Baroche**. Deux dessins à la plume et au crayon.

8. **F. Kobell. Watelet**. Trois paysages à la plume et à l'encre de Chine.

9. **Swebach**. Croquis militaires à la plume et à l'aquarelle. Deux dessins.

10. **Bon Boullongne. A. Van Ostade**. Études à la pierre noire. Deux dessins.

11. **Sadeler. Schidone**. Deux dessins au bistre et à la sanguine.

12. **Loutherbourg**. Animaux paissant dans une plaine, *10*
Dessin lavé d'encre de Chine.

13. **J.-B. Huet**. Tête de cheval. Joli dessin à la san- *13*
guine.

14. **J. Van Achen**. Sujet religieux. Beau dessin à la *10*
plume.

15. **A. Brauwer**. Un Marchand. Dessin à la sanguine. *10*

16. **Van Goyen**. Vue d'un canal en Hollande. Dessin à *11*
l'encre de Chine.

17. — Vue de Village au bord d'un canal. Dessin à l'encre *10*
de Chine.

18. **N. Berghem**. Jeune Fille sur un âne, jouant avec *15*
un chien. Sanguine.

19. **F. Penni** (*le Fattore*). Un Saint couronné par des *20*
anges. Dessin à la plume et au bistre.

20. **Troost** (Corneille), *le Watteau hollandais*. Scène *15*
comique. Dessin à la sanguine, lavé de brun rouge.

21. Baron **Denon**. **J. Van der Does**. Deux dessins *12*
à la sanguine et au bistre.

22. **Paul Ferg**. Kermesse de village. Dessin à la san- *10*
guine.

23. **Antoine Moro**. Portrait. Dessin aux crayons noir *15*
et blanc sur papier bleu.

24. **Gérard** (Marguerite). Femme nue. Joli dessin à la *10*
sanguine.

25. **Bloek** (Anne) **de Visscher**. Dessin à la sanguine, *10*
d'après Raphaël.

26. **Karel Dujardin**. Étude à la pierre noire. *13*

27. **Fragonard** (Honoré). Belle étude d'arbre à la san- *10*
guine.

28. **Van Stry** (Jacques). Troupeau dans un pré. Dessin *20*
à la pierre noire, lavé d'aquarelle.

29. **Domer**. Paysage. Joli dessin à l'encre de Chine et au bistre.

30. **Ossenbeeck**. Kermesse flamande. Dessin à la plume plein d'esprit et de finesse.

31. **Laquy**. Scène d'intérieur. Dessin à la plume dans la manière de Rembrandt.

32. **Van de Velde** (Adrien). Vache couchée. Belle étude à la pierre noire.

33. **Della Bella** (Stefano). Un Éléphant enlevant un enfant avec sa trompe. Dessin à la plume.

34. **Diepenbeck** (Abraham). Sujets religieux. Deux dessins avec des notes du maître.

35. **Netscher** (Gaspard). Portrait d'un Cardinal. Joli dessin, lavé d'encre de Chine.

36. **Van der Helst**. Un Chasseur. Dessin à la sanguine.

37. **Stradanus**. Jésus prêchant. Dessin curieux à la plume. (*Collection Van Goll.*)

38. **Van Falens**. Cheval en liberté. Dessin à la pierre noire.

39. **Pierre Molyn**. Paysage. Dessin à la pierre noire. (*Collections Th. Lawrence et Woodburn*).

40. **Van der Werf. A. Overlaet**. Deux dessins, pierre noire et à la plume.

41. **Hans Bol**. Scène biblique. Dessin à la plume et au bistre. (*Collection Révil.*)

42. **Klots**. Vue de Nivelles. Joli dessin à la plume et à l'encre de Chine.

43. **J. Van Ostade**. Buveurs. Dessin à la plume et au bistre.

44. **Michel Coxie** (1500). *Le Bien et le Mal*. Dessin à la plume. (*Collection Kaïcman.*)

45. **J. Van Stry**. Une Femme récurant un chaudron. Dessin à la pierre noire.

46. **Brandt**. Paysage. Joli dessin à la sanguine.

47. **Muller** (Lucas), dit **Kranach** (1500). Sacrifice antique. Dessin à la plume. (*Collection Kaïeman.*)

48. **Diestch**. Paysage avec animaux. Dessin à la pierre noire, légèrement lavé.

49. **Le Titien**. Andromède. Dessin à la plume.

50. **Aldegraver**. Musiciens ambulants. Dessin à la plume (a été gravé).

51. **Molina**. Conversion de Sauvages au christianisme. Dessin au bistre.

52. **Ribera** (*L'Espagnolet*). Crucifiement. Dessin au bistre, rehaussé de blanc.

53. **Alonzo Cano**. Adoration des Bergers. Dessin au bistre, rehaussé de blanc.

54. **Pacheco** (maître de Velasquez). Une Gloire d'anges autour de la croix. Dessin au bistre.

55. — La Sybille de Tibur. Dessin à la plume et au bistre.

56. **Bril** (Paul). Chasse au Cerf dans un bois. Joli dessin à la plume et au bistre.

57. **Murillo** (Esteban). Moines. Deux dessins à la plume et au bistre.

58. — Assomption de la Vierge. Beau dessin à la pierre noire et au crayon blanc. (*Collection Madrazzo.*)

59. — Tête d'enfant. Joli dessin aux trois crayons. (*Collection Woodburn.*)

60. — Un Moine mangeant des fruits. Beau dessin à l'encre de Chine, rehaussé. (Le tableau est à Séville.)

61. — Une Femme assise jouant avec un chien. Dessin à la sanguine.

62. — La Chercheuse de pous. Dessin à l'encre de Chine. (*Collection Vallardi.*)

63. — Scène de Cabaret. Dessin à l'encre de Chine. (*Collection Vallardi.*)

64. — Portrait du Maître en pied. Dessin à la plume et au bistre. (*Collection Woodburn.*)

65. **Rottenhamer**. Adoration des Mages. Beau dessin au bistre, rehaussé de blanc.

66. **Menesses Osorio** (Elève de Murillo). Grisaille.

67. **Overlaet**. Scène de Cabaret. Dessin très-fin, à la plume.

68. **Watteau** (Antoine). Jeune Femme. Charmant dessin aux trois crayons.

69. — Femme nue couchée. Joli dessin aux trois crayons.

70. — Têtes de jeunes filles. Charmant dessin aux trois crayons. (*Collection Woodburn.*)

71. **Berghem** (Nicolas). Paysage avec animaux. Joli dessin à la pierre d'Italie.

72. **Van Hughtenburg**. Combat de cavalerie. Dessin à l'encre de Chine.

73. **Le Tintoret**. Le Christ et ses Apôtres. Dessin énergique, à la plume et au bistre.

74. **Joseph Vernet**. Marine. Joli dessin plein de finesse, à la sépia.

75. **Kalf** (Guillaume). Nature morte. Joli dessin au bistre (très-rare).

76. **Rademaker**. Paysage. Charmant dessin à l'encre de Chine et au bistre.

77. **Tiepolo** (Dominique). La Tentation. Dessin à la plume et à l'encre de Chine.

78. **De Heem** (David). Fleurs et fruits. Joli dessin à la pierre noire. (*Collection Th. Witsen.*)

79. **Testa** (Pietro). Une Nuée de petits Anges apparaissant à un moine mourant. Charmant dessin à la plume. (*Collection Vallardi.*)

80. **Goltzius** (Henri). Un Évangéliste. Beau dessin à la plume, rehaussé de blanc.

81. **Vicentino** (Andrea). Priam au siége de Troie. Dessin à la sanguine. (*Collections Nils Bark, Sir J. Reynolds, Ph. H. Lanskring et Th. Hudson.*)

82. **Sneyders** (François). Fleurs et fruits. Joli dessin au bistre. (*Collection Vallardi.*)

83. **Perino del Vaga**. Combat de cavaliers romains. Dessin au bistre, rehaussé de blanc.

84. **Crabeth**. La Création du Monde. Dessin très-curieux lavé d'aquarelle. (*Collection Villenave.*)

85. **Le Guide**. Loth et sa famille fuyant Sodome. Charmant dessin lavé.

86. **Weeninx** (Jean-Baptiste). Chasseur et ses chiens. Joli dessin au bistre.

87. **Andrea del Sarto**. Tête d'enfant. Dessin à la pierre noire. (*Collection Woodburn.*)

88. **Michel Carré**. Troupeau de moutons dans un champ. Joli dessin lavé d'aquarelle.

89. **Le Primatice**. Un Amour. Dessin pour les ornements du palais de Fontainebleau.

90. **Jordaens** (Jacques). Amphitrite, sur un dauphin, entourée de nayades et de tritons. Dessin aux trois crayons. (*Collection Th. Witsen.*)

91. **Fra Bartholomeo**. Un Évangéliste. Beau dessin au bistre. (*Collections Richardson, Robert Udney et William Esdaile.*)

92. **Ruysdaël** (Jacques). Études d'arbres. Joli dessin à la plume et au bistre.

93. **Van de Velde** (Guillaume). Marine. Joli dessin à l'encre de Chine.

94. **Jules Romain**. Mucius Scevola. Beau dessin an bistre. (*Collection du comte de Goudt.*)

95. **Van Vliet** (Guillaume). Portrait. **Charmant dessin** lavé à l'encre de Chine (signé).

96. **Van Uden**. Paysage Entrée de bois. Joli dessin à l'encre de Chine.

97. **Van Ostade** (Isaac). Le Marchand d'images. Joli dessin à la plume et au bistre. (*Coll. Th. Witsen.*)

98. **Paul Bril**. Paysage avec ruines. Beau dessin.

99. **Martin Shoen** ou **Schoengauer**. La Justice. Allégorie. Dessin lavé d'aquarelle (rarc).

100. **Michel-Ange Buonarotti**. Tête de vieillard. (*Collection Woodburn*).

101. — Études à la plume pour *le Jugement dernier*. (*Collection Woodburn.*)

102. — Études à la pierre noire et à la plume. Superbe dessin d'un grand style. (*Collection Woodburn.*) Ce dessin a été acheté 30 livres sterling.

103. **Van Dyck** (Antoine). La Religion. Allégorie. Beau dessin à la sanguine, rehaussé de blanc.

104. — Portrait du roi Charles Ier. Très-beau dessin à la pierre noire. (*Collection Woodburn.*)

105. **Lucas de Leyde** Crucifiement de Jésus-Christ. Très-curieux dessin à la plume, d'une grande finesse d'exécution (fort rare). (*Collection Woodburn.*)

106. **Albert Durer**. La Vierge entourée d'ange, présente l'Enfant Jésus à saint Christophe. Très-beau dessin à la plume. (*Collection Woodburn.*)

107. **Raphaël Sanzio**. Étude pour une Sainte Famille. Très-beau dessin à la plume largement exécuté. (*Collection Woodburn*).

108. — Étude pour *la Jurisprudence* du Vatican. Superbe dessin au bistre. (Ce dessin, photographié pour la Collection du prince Albert, a été acheté 50 livres sterling.)

109. **Van Stry** (Jacques). Paysage avec animaux au lever du soleil. Charmant dessin au bistre.

110. **Breughel** (Jean) **de Velours**. Le Marchand de poissons. Aquarelle sur parchemin.

111. **Karel Dujardin**. Paysage avec ruines et animaux. Très-beau dessin à l'encre de Chine.

112. **Wouwermans** (Philippe). Halte de cavaliers devant un cabaret. Charmant dessin à la pierre noire, lavé d'encre de Chine. (*Collection Van Goll.*)

113. **P. Rembrandt**. Sacrifice antique. Beau dessin à la plume et au bistre, plein d'énergie et de couleur.

114. **Van Ostade** (Adrien). Le Marchand de petits pots. Dessin remarquable du maître, à la plume, lavé d'encre de Chine et de bistre. (A été acheté **220 fr.**)

115. **Corneille Dusart**. Le Marchand de lorgnettes. Beau dessin au bistre (gravé).

116. **F. Sneyders**. Un Ours attaqué par des chiens. Dessin énergique à la pierre noire.

117. **Rottenhamer**. Minerve terrassant l'Envie. Dessin au bistre. (*Collection Bazot.*)

118. **Rombouts** (Théodore). Adoration des Mages. Dessin à la sanguine, lavé d'encre de Chine.

119. **Quellinus** (Érasme). Un Pape, entouré de cardinaux, reçoit des moines. Dessin à l'encre de Chine, rehaussé de blanc.

120. **Zustris**. Projet de fontaine. Dessin à l'encre de Chine.

121. **Lemoine**. L'Amour montre une nymphe nue à un satyre. Dessin à la pierre noire.

122. **Schootel**. Marines. Deux dessins au crayon.

123. **Meissonnier** (Genre de). Les deux Amis. Dessin à la mine de plomb et à l'aquarelle.

124. **Rosa Bonheur** (D'après). Moutons. Dessin à la mine de plomb.

125. — Moutons. Mine de plomb.

126. **Gallait** (D'après). L'Odalisque. Dessin à lamine de plomb.

127. **Fontenay**. Paysage à la sépia.

128. **Tournemine**. Marine à la sépia.

129. **T. Johannot**. Vierge à la fleur. Joli dessin à la mine de plomb.

130. **Vélasquez** (D'après). Chanteurs andalous. Dessin à la mine de plomb.

131. **Ansdell**. Muletier espagnol. Dessin à la sépia.

132. **Fac-Simile** d'un dessin à la plume de Raphaël Sanzio. (*Musée Vicar, de Lille.*)

133. **Fac-Simile** d'un dessin d'A. Bloemaert. (*Collection J. P. Zomers.*)

134. **Fac-Simile** d'un dessin à la sanguine, de P. Potter.

135. **Fac-Simile** d'un dessin du Parmesan. (*Collection Denon.*)

135. Bis d. fac similé 2 dessins de Raphael Caravage et Rubens

ALBUMS DE LITHOGRAPHIES

136. Album Charlet. 28 sujets.

137. Album Raffet. 21 sujets.

138. Album de Caricatures 44 sujets.

139. Album de Caricatures. 39 sujets.

140. Album de Caricatures. 34 sujets.

141. Album de Caricatures. 45 sujets.

142. Album, Fêtes de 1848. 10 planches coloriées.

143. Album, Portraits d'hommes célèbres. 46 p.

144. Album, Souvenirs de Juin 1848. 19 p.

145. Album, les Artistes contemporains. 31 sujets.

146. Album, les Artistes anciens et modernes. 65 sujets.

147. Sujets divers noirs et coloriés. 56 p.

148. La France au XIXᵉ siècle. (9 livraisons.)

149. *Le Réveil*, par Raffet. Encadré.

150. Le Premier Consul. Gravure encadrée.

151. Sous ce numéro, seront vendus plusieurs lots de bons Dessins non catalogués.

RENOU et MAULDE, imprimeurs de la Compagnie des Commissaires-Priseurs, rue de Rivoli, 144.